BEI GRIN MACHT SIC
WISSEN BEZAHLT

- Wir veröffentlichen Ihre Hausarbeit,
  Bachelor- und Masterarbeit

- Ihr eigenes eBook und Buch -
  weltweit in allen wichtigen Shops

- Verdienen Sie an jedem Verkauf

Jetzt bei www.GRIN.com hochladen
und kostenlos publizieren

Ricarda Schöne

Das vernetzte Fahrzeug

Wie die Informations- und Kommunikationstechnik unsere Mobilität beeinflusst

GRIN Verlag

Bibliografische Information der Deutschen Nationalbibliothek:

Die Deutsche Bibliothek verzeichnet diese Publikation in der Deutschen National-
bibliografie; detaillierte bibliografische Daten sind im Internet über http://dnb.d-
nb.de/ abrufbar.

Impressum:

Copyright © 2013 GRIN Verlag GmbH
Druck und Bindung: Books on Demand GmbH, Norderstedt Germany
ISBN: 978-3-656-51765-8

Dieses Buch bei GRIN:

http://www.grin.com/de/e-book/263149/das-vernetzte-fahrzeug

GRIN - Your knowledge has value

Der GRIN Verlag publiziert seit 1998 wissenschaftliche Arbeiten von Studenten, Hochschullehrern und anderen Akademikern als eBook und gedrucktes Buch. Die Verlagswebsite www.grin.com ist die ideale Plattform zur Veröffentlichung von Hausarbeiten, Abschlussarbeiten, wissenschaftlichen Aufsätzen, Dissertationen und Fachbüchern.

Besuchen Sie uns im Internet:

http://www.grin.com/

http://www.facebook.com/grincom

http://www.twitter.com/grin_com

University of Applied Sciences

HOCHSCHULE
EMDEN-LEER

HOCHSCHULE EMDEN / LEER

Fachbereich Technik

Medieninformatik Online
Einführung in wissenschaftliche Projektarbeit

SS 2013

Das vernetzte Fahrzeug

– Wie die Informations- und Kommunikationstechnik unsere Mobilität

beeinflusst –

vorgelegt von:

Student: Ricarda Schöne

Jaderberg, den 28.06.2013

Die neue Mobilität

„Mobilität 3.0" , „Car2Car-Communication" und „Smart Connected Vehicle" sind nur einige der Trendausdrücke die in der Automobilindustrie aktuell vielfach Verwendung finden. Das Gebiet der IKT im Auto ist weit gefächert. Es gibt zahlreiche Pilotprojekte und Feldversuche zu diesem Thema. Die wichtigsten Projekte und deren Ergebnisse sollen hier vorgestellt werden.

Die Arbeit soll einen Überblick geben über den aktuellen Stand der Technik und die möglichen Innovationen der Zukunft aufzeigen, gleichzeitig aber auch mögliche Risikofaktoren betrachten.

Laut [14] *sitzt jeder Deutsche im Durchschnitt pro Jahr 12.500 Kilometer in seinem Fahrzeug. In einem 40-jährigen Arbeitsleben kommt so bei nur täglich 20 Minuten Fahrt ins Büro ein ganzes Jahr zusammen.[...] Aus Produktivitätssicht zumindest ist das alles vertane Zeit."*

Die wissenschaftliche Untersuchung soll durch die Eingrenzung der wichtigsten Entwicklungen und der Behandlung der Vor- und Nachteile verschiedener Innovationen den Idealfall des vernetzten Fahrzeuges herausstellen.

Was nehmen Fahrerassistenzsysteme dem Autofahrer bereits heute ab? Welche Rolle spielt die Informations- und Kommunikationstechnik im Auto? Wie sicher ist das Auto der Zukunft? Welche Innovationen werden sich durchsetzen? Wie steht es um den Datenschutz? Diese und andere Fragen sollen in dieser wissenschaftlichen Arbeit untersucht werden.

Inhaltsverzeichnis

1 Stand der Technik

Im folgenden Kapitel werden zunächst die bisher im Alltag eingesetzten Fahrerassistenzsysteme erläutert. Im weiteren Unterkapitel wird angezeigt, wie die Autohersteller das Internet in ihre Fahrzeuge integrieren. Weiterhin wird das grundlegende Modell der Car-to-X-Kommunikation zum vernetzten Fahrzeug vorgestellt.

1.1 Fahrerassistenzsysteme

Fahrerassistenzsysteme (kurz FAS) sind laut [HARR05] *elektronische Zusatzeinrichtungen in Kraftfahrzeugen zur Unterstützung des Fahrers in bestimmten Fahrsituationen.* Die Hauptgründe für das Einsetzen von Fahrerassistenzsystemen sind die erhöhte Sicherheit und der Fahrkomfort. Fahrerassistenzsysteme können autonom oder teilautonom eingreifen, praktisch jedoch gibt es noch keine Systeme die den Fahrer vollständig entrechten. Dies hängt unter anderem mit rechtlichen Vorschriften zusammen, denn [WIEN68] besagt: *Jeder Führer muss sein Fahrzeug beherrschen [...] können.*

Auch sind viele Systeme bis jetzt nicht ausreichend zuverlässig, vor allem die eingesetzten Sensoren bieten noch keine absolut zuverlässige Umfelderkennung in verschiedenen Situationen und Fahrzuständen. Untersuchungen der Unfallforschung der Versicherer (UDV) haben ergeben, dass der serienmäßige Einbau allein von Antiblockiersystem (ABS) und Elektronischem Stabilitätsprogramm (ESP) laut [UDV08] die Zahl der Unfälle um etwa 25 – 35% reduzieren könnte. Seit 2011 ist der serienmäßige Einbau Vorschrift bei Neuwagen in der Europäischen Union.

Einige der bedeutendsten Fahrerassistenzsysteme sollen hier kurz erläutert werden:

Antiblockiersystem (ABS):

Nach [SCHMABS] regelt das Antiblockiersystem die Bremskraft für jedes einzelne Rad. Ein Sensor am Rad misst die Drehzahl und gibt diese an ein ABS-Steuergerät weiter. Das Steuergerät ist mit einer Regeleinheit verbunden. Diese sitzt zwischen Bremspedal und Radbremsen. Durch die Regeleinheit fließt hydraulischer Bremsdruck vom Fußpedal zu den einzelnen Rädern. Wenn der Fahrer nun stark bremst, teilt einer der Sensoren der Regeleinheit mit, dass der Bremsdruck verringert werden muss, damit sich das Rad wieder frei drehen kann. Sobald sich das Rad wieder dreht fleßt voller Bremsdruck. Das Fahrzeug simuliert also das „Stotterbremsen", ohne dass der Fahrer dazu etwas tun muss.

Elektronisches Stabilitätsprogramm (ESP):

Wenn ein Über- bzw. Untersteuern des Fahrzeugs droht, bremst das ESP automatisch einzelne Reifen ab. Zusätzlich kann es in kritischen Situationen die Motorleistung regulieren.

Fernlichtassistent:

Der Fernlichtassistent erhöht die Sicherheit vor allem bei Nachtfahrten. Je nach Verkehrssituation werden Verkehrsteilnehmer frühzeitig erkannt und das Fernlicht blendet automatisch auf bzw. ab. Auch die Leuchtweite des Abblendlichts wird automatisch reguliert.

Bremsassistent (BAS):

Der Bremsassistent sorgt laut [SCHMBA] bei einer Notbremsung dafür, dass die notwendige Betätigungskraft auf das Pedal erheblich reduziert wird. Es gibt den vollen Bremsdruck frei und leitet eine Vollbremsung ein. Der BAS benutzt mehrere Faktoren zur Berechnung der Bremskraftverstärkung. Ein Blockieren der Räder wird durch das ABS verhindert.

Abstandsregeltempomat (ACC):

Der Fahrer kann eine konstante Geschwindigkeit wählen ohne dass der Sicherheitsabstand zum Vordermann unterschritten wird. Neue ACC-Systeme warnen zudem frühzeitig vor möglichen Auffahrunfällen. Laut [FAS] lassen sich 70% der LKW-Auffahrunfälle auf der Autobahn durch ACC vermeiden.

Reifendruckkontrollsystem:

Das System erkennt frühzeitig Druckverlust an einem oder mehreren Rädern des Fahrzeugs und signalisiert dies dem Fahrer.

Gemäß [EURO09] sind Autohersteller seit November 2012 dazu verpflichtet, neue Fahrzeuge mit Reifendruckkontrollsystemen auszustatten.

1.2 Das Auto geht online

Heutzutage ist es fast selbstverständlich dass sich das Fahrzeug via Bluetooth mit dem eigenen Smartphone verbinden lässt. So lassen sich z.b. Telefongespräche über die Freisprecheinrichtung führen oder Musikdaten vom Smartphone abspielen. Jedoch gestaltet sich der Verbindungsaufbau via Bluetooth oftmals schwierig. Die Automobilindustrie arbeitet an verschiedensten Konzepten um das Auto noch besser zu vernetzen. In Zukunft muss sich nicht das Smartphone um die Verbindung ins Internet kümmern, stattdessen ist das Fahrzeug selbst fähig sich mit dem Netzwerk zu verbinden.

So hat beispielsweise BMW in Deutschland, wie in [RESD13] erwähnt, bereits einen eingebauten Empfänger realisiert, der LTE nutzt und das Auto in einen mobilen Hotspot verwandelt. Der Hersteller Volvo hat bereits den Musikverleihdienst „Spotify" inklusive Sprachsteuerung in sein Autoradio integriert.

1.3 Internet im Auto am Beispiel von BMW und Audi

Autohersteller integrieren das Internet zunehmend in ihre Infotainmentsysteme. Im Folgenden soll anhand der Systeme von BMW und Audi die Funktionsweise und der Nutzen dieser Systeme erläutert werden.

1.3.1 BMW Connected Drive

Die Bezeichnung „Connected Drive" fasst bei BMW alle Internetdienste zusammen. Diese sind für alle Baureihen von BMW verfügbar. Bestandteil des Connected Drive sind der BMW-Assist und BMW Online.

Der BMW-Assist enthält laut [STAU11] Funktionen wie die automatische Notrufübermittlung mit GPS-Position, den persönlichen Reisebegleiter per Telefon oder das Senden von in Google Maps geplanten Routen direkt ins Auto. Zudem bietet es Fernfunktionen an, bei denen sich mithilfe einer App z.B. die Standheizung oder das Licht einschalten lässt.

Die Abbildung 1 zeigt beispielhaft die Nutzung von verschiedenen Social-Media-Diensten mit BMW Connected Drive.

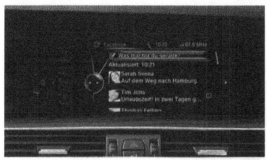

Abb. 1 – Connected Drive

Für das eigentliche Internet im Auto ist BMW Online zuständig. Dort finden sich Wetterinfos, Google Suche und Google Maps / Streetview, ein News-Dienst, eine E-Mail-Funktion und weitere Anwendungen. Die Grundlage für den Gang ins Internet bildet hier wie auch bei Audi eine im Auto verbaute SIM-Karte. Daraus resultierend entstehen Folgekosten für die Nutzung des Internets. In der folgenden Tabelle sind die Gesamtkosten für das Connected-Drive-System beispielhaft aufgeführt.

Handyvorbereitung Business Bluetooth	750,00 €
Navigationssystem Professional	3800,00 €
BMW Apps	150,00 €
BMW Assist & BMW Online	Drei Jahre enthalten, danach 250,00 € im Jahr
Internetzugang	150,00 € pro Jahr

Tab. 1 – Kosten für Connected Drive am Beispiel der BMW 5er-Reihe

1.3.2 Audi Connect

Audi verzichtet bei seinem System Audi Connect komplett auf Folgekosten (siehe Tab.2). Hier gibt es entweder die Möglichkeit eine eigene SIM-Karte in die Mittelkonsole einzustecken oder sich via Bluetooth mit einem SIM-Access-kompatiblen Handy zu verbinden.

MMI Navigationssystem Plus	3500,00 €
Autotelefon Bluetooth Online	890,00 €

Tab. 2 – Kosten für Audi Connect

Wird eine SIM-Karte genutzt, kann das Fahrzeug einen eigenen WLAN-Hotspot zur Verfügung stellen. Weitere Funktionen sind hier Live-Staumeldungen von „Inrix Traffic", die Zielsuche via Google und ein Nachrichtendienst.

Die Abbildung zeigt beispielhaft das Ausgangsmenü des Audi-Connect-Systems mit den verschiedenen Funktionen.

Abb.2 – Ausgangsmenü des Audi-Connect-Systems

1.4   Car-to-X-Communication

Bei der Car-to-X-Communication handelt es sich um den drahtlosen Informationsaustausch zwischen Fahrzeugen sowie zwischen Fahrzeugen und der Verkehrsinfrastruktur [DAIM]. Die Fahrzeuge sammeln laut [GERH11] Daten wie *„Ansprechen des ABS, Lenkwinkel, Position, Richtung und Geschwindigkeit"* und geben diese an andere Verkehrsteilnehmer weiter.

Im Jahre 2003 haben mehrere Automobilhersteller das s.g. Car-to-Car-Konsortium gegründet. Das Konsortium hat es sich gemäß [LIPIC2C] zum Ziel gemacht *„die Kommunikation zwischen Fahrzeugen zu fördern und damit die Sicherheit zu erhöhen und den Verkehrsfluss zu beschleunigen."* . Mitglieder sind bekannte Autohersteller wie Audi, Daimler und Volkswagen, aber auch Institute, Hochschulen und Autozulieferer gehören dem Konsortium an.

Alle zwölf beteiligten Fahrzeughersteller haben ein *Memorandum* unterzeichnet, in dem eine Strategie festgelegt wurde, wie sich C2X mithilfe von gemeinsamen Standards verwirklichen lässt. Erste Systeme sollen laut [LIPIC2C] ab 2015 angeboten werden können.

1.4.1 Car-to-Car-Communication (C2C)

[DVEV11] bezeichnet die Car-to-Car-Communication, *„im englischen Sprachraum unter Vehicle-to-Vehicle (V2V) geläufig"*, als *„Austausch von Daten und Informationen zwischen Kraftfahrzeugen, um den Fahrer frühzeitig kritische Situationen anzeigen zu können."*.

Anwendungen sind hier vor allem die kooperative Fahrerassistenz. Das können zum Beispiel Warnungen oder Meldungen über das Fahrverhalten des Vordermanns sein (siehe Abb.3), ein Assistent der bei Überholvorgängen unterstützt oder einfach eine effizientere Infrastrukturnutzung.

Abb.3 – C2C in der Praxis – Der Fahrer wird über ein defektes Fahrzeug informiert

1.4.2 Car-to-Infrastructure-Communication (C2I)

Bei der C2I-Kommunikation tauschen Fahrzeuge drahtlos Informationen mit Infrastrukturkomponenten aus. Dies können laut [LIPIC2I] zum Beispiel Ampeln, intelligente Verkehrszeichen oder Funkknoten sein, die eine Verbindung zum Internet oder (zwecks Diagnose oder Notfallmeldung) zum Autohersteller bzw. zur Werkstatt aufbauen. Die Basis dafür bilden WLANS nach 802.11a, 802.11b oder 802.11g. Weitere Möglichkeiten zur Verbindung mit Infrastrukturelementen sind Bluetooth, ZigBee (bei Sensornetzwerken) oder Dedicated Short Range Communication (DSRC).

2   Beeinflussung der IKT

Im Folgenden Kapitel soll die Beeinflussung der IKT auf die Verkehrssicherheit und auf den Fahrer selbst thematisiert werden. Es werden Vergleiche angestellt, die die Einwirkung von bisherigen Fahrerassistenzsystemen mit dem vernetzten Auto der Zukunft gegenüberstellen.

2.1   Beeinflussung der IKT auf die Verkehrssicherheit

Das Auto wird zunehmend intelligenter. Gleichzeitig gibt es aber auch immer mehr Fahrzeuge im Straßenverkehr und die Verkehrsinfrastruktur ist zunehmend überlastet. Bisherige Assistenzsysteme können bereits vielen Gefahren vorbeugen, doch das vernetzte Fahrzeug, dass mit Verkehr und Infrastruktur kommuniziert, könnte auch die Überlastung im Straßenverkehr deutlich verringern.

2.1.1   Einfluss bisheriger Assistenzsysteme auf die Verkehrssicherheit

Ein Hauptgrund für die Einführung des vernetzten Fahrzeugs ist die Möglichkeit, Staus zu verringern bzw. ganz zu vermeiden. Laut [BUND10] beträgt der volkswirtschaftliche Schaden in Deutschland durch Staus im Jahr etwa 250 Millionen Euro täglich. Dabei werden 33 Millionen Liter Kraftstoff verbraucht und der Zeitverlust beträgt 13 Millionen Stunden. Oft liegen Ursachen eines Staus am falschen Verhalten der Fahrzeugführer. 2009 gab es beispielsweise 2,31 Millionen Verkehrsunfälle, wobei neun von zehn Unfällen aufgrund von menschlichem Fehlverhalten entstanden.

Obwohl es zu Beginn viele Skeptiker gab, ist durch den Einsatz von ABS und ESP die Verkehrssicherheit deutlich erhöht. Zahlreiche Studien der Automobilhersteller [BOSC] können dies belegen. Laut ADAC-Experte Dr. Christian Buric [BURI10] könnten durch den Einsatz von ABS bei Motorrädern jährlich 160 Menschenleben gerettet werden.

Unterdessen wurde in der EU bereits der so genannte E-Call eingeführt. Fahrzeuge, die mit E-Call ausgestattet sind, setzen nach einem Unfall einen automatischen

Notruf an die nächste Notrufzentrale ab. Dies geschieht laut [BURI10] entweder über „Crash-Sensoren" oder über eine manuell zu betätigende Taste.

2.1.2 Einfluss auf die Verkehrssicherheit mit Car-to-X-Communication

Einen konkreten Nachweis über die Effizienz der C2C im Zusammenhang mit der Verkehrssicherheit gibt es bisweilen noch nicht. Zwar gibt es in Deutschland und der EU verschiedenste Feldversuche und Tests, anschauliche Ergebnisse hat aber bisher nur die sim^{TD} veröffentlicht.

sim^{TD} ist ein Frankfurter Forschungsprojekt und steht für Sichere Intelligente Mobilität - Testfeld Deutschland. Ziel des Projektes war es laut [OBER13] *„die Funktionalität, Alltagstauglichkeit und Wirksamkeit von Car-to-X Kommunikation unter realen Bedingungen zu erproben. "*.
Zum Testaufbau gehörten 120 Fahrzeuge und drei Motorräder, die alle mit der gleichen Technik ausgestattet waren. Eingearbeitete Funktionen waren unter anderem die Infrastrukturseitige Datenerfassung, Straßenvorausschau, Umleitungs-management und ein Ampel-Phasen-Assistent. Die Fahrzeuge fuhren während des Versuchs insgesamt 1.650.000 Kilometer.

In der Pressemitteilung [OBER13], die jüngst von der sim^{TD} veröffentlicht wurde, finden sich nun die Ergebnisse des Projekts. Neben dem Feldversuch wurden auch Fahrsimulationen durchgeführt, deren Ergebnisse für die Verkehrssicherheit relevant sind. Laut [OBER13] waren die Funktionen mit dem größten Nutzen das Elektronische Bremslicht, der Kreuzungs- und Querverkehrsassistent und der Verkehrszeichen-assistent für Stoppschilder.

Die Informationsübermittlung zwischen Verkehrszentralen und Fahrzeugen führte gemäß [OBER13] zu einer besseren Kenntnis der Verkehrslage und frühzeitiger Erkennung relevanter Ereignisse. Wären alle Fahrzeuge im Straßenverkehr mit den genannten Funktionen ausgestattet, könnten jährlich bis zu 6,5 Milliarden Euro Kosten von Verkehrsunfällen vermieden werden. Voraussetzung dafür ist allerdings ein ausfallsicheres System und die Akzeptanz und Befolgung des Benutzers.

Gleichzeitig kann ein volkswirtschaftlicher Nutzen *durch Effizienzwirkungen und durch die Vermeidung von Umweltbelastungen* von 4,9 Milliarden Euro erzielt werden.

Der Praxistest hat gezeigt, dass die Technik mittlerweile für den Alltag einsatzbereit ist. Konkrete Pläne für die Umsetzung innerhalb der nächsten Jahre hat an den beteiligten Autoherstellern allerdings nur der Daimler Konzern.

Karl-Ernst Steinberg, Leiter Informations- und Kommunikationstechnologien bei der BMW Group Forschung und Technik, erläutert dazu in [OBER13] seine Position:

"Je mehr Informationen ich über den weiteren Fahrtverlauf habe, also wenn ich beispielsweise vorher weiß, wie die Ampeln geschaltet sind oder dass vor mir gerade ein Auffahrunfall geschehen ist, kann ich darauf reagieren, entspannter fahren, die gefährliche Situation entschärfen oder sie gar nicht erst entstehen lassen"

2.2 Beeinflussung der IKT auf den Fahrer

Im Folgenden Kapitel soll dargelegt werden, wie verschiedenste Assistenzsysteme und Funktionen auf den Fahrer wirken. Dabei wird unterschieden zwischen den bisherigen Entwicklungen und dem Idealfall des vernetzten Fahrzeugs. Es wird der Frage nachgegangen, wie viel Informations- und Kommunikationstechnik (hier im speziellen Infotainmentsysteme) im Auto tatsächlich sinnvoll ist und ab wann der Fahrer durch eben diese überlastet wird.

2.2.1 Einfluss bisheriger Assistenzsysteme auf den Fahrer

Das Unternehmen GfK Sirvaluse führte einen umfangreichen Test zum Thema Benutzerfreundlichkeit im Auto durch. Dabei ging es darum, verschiedene Autos ohne Vorkenntnisse zu bedienen. Die Auflistung in [REES13] zeigt, welche Aufgaben die neun Testpersonen erledigen mussten:

1. *Einsteigen, Sitz einstellen, Licht einschalten.*
2. *Radio einschalten, Sender wechseln und speichern.*
3. *Ziel ins Navi eingeben, Zielführung starten und abbrechen.*
4. *Handy per Bluetooth verbinden, Kontakt anrufen, Musik vom Smartphone hören, Titel anzeigen.*
5. *Als Spezialaufgabe je Auto mussten die Probanden etwa Videos über USB-Sticks abspielen oder Musik aus den hinteren Lautsprechern abspielen*

Das Ergebnis dieses Tests hat gezeigt, dass viele Autofahrer mit den Funktionen im Fahrzeug schlicht überfordert sind. Die Sprachsteuerung beispielsweise funktionierte in keinem Fahrzeug beim ersten Versuch. Vom Bildschirm in der Mercedes A-Klasse erwarteten alle Tester er sei berührungsempfindlich, ist er aber gar nicht.

Zu ähnlichen Ergebnissen kommt auch eine Umfrage der DEKRA in [VÖGE12], nach der 77 Prozent der Autofahrer mit der Bedienung der elektronischen Geräte Schwierigkeiten haben. Die Abbildung zeigt die Fahrzeuge mit den am besten bedienbaren Funktionen.

Abb. 4 – Benutzerfreundlichkeit

Laut [REES13] ist der Opel Adam derzeit das bedienerfreundlichste Fahrzeug. Dies kommt insbesondere durch die neue Siri-Eyes-Free-Sprachsteuerung zustande, die wie in [FOCU13] dargestellt, durch das Ankoppeln eines iPhones an das Infotainmentsystem, die von Apple entwickelte Sprachsteuerung nutzt.

Abb. 5 – Opel Adam mit Siri Eyes Free

Der Bundesverkehrsminister Dr. Peter Ramsauer schloss das folgende Fazit zur DEKRA-Umfrage: *„Moderne Fahrzeugtechnik muss der Verkehrssicherheit dienen. Sie soll den Fahrer unterstützen und darf ihn nicht von seiner Eigenverantwortung entbinden. Technik muss entsprechend einfach zu bedienen sein. [...]"*

Mit Bezug auf [REES13] wurde in Deutschland bisher noch nicht untersucht wie viele Unfälle tatsächlich durch nicht benutzerfreundliche Bordelektronik verursacht worden sind. Klar ist nur, dass in Deutschland der Fahrer in ungefähr einem Drittel der Unfälle abgelenkt ist. In den USA gibt es schon weitere Ergebnisse. Die US-Verkehrssicherheitsbehörde National Highway Traffic Safety Administration (NHSTA) hat heraus gefunden, dass Fahrer die durch elektronische Geräte abgelenkt waren, im Jahr 2010 in den USA etwa 47 000 Autounfälle verursachten.

Zu viele Funktionen lenken den Fahrer ab, nun sollen einheitliche Standards geschaffen werden.

2.2.2 Einfluss auf den Fahrer mit Car-to-X-Communication

Die NHSTA will die Nutzung von Handy und Navigationssystemen im Auto einschränken [REES13], so dass auf dem Display der Infotainmentsysteme nicht mehr als 30 Zeichen Text stehen und jede Funktion in maximal 2 Sekunden bedienbar ist.

Für die Zukunft wird die Gestensteuerung im Auto mehr an Bedeutung gewinnen. Der Autozulieferer Harman Becker erstellte dazu gemäß [REES13] einen Prototyp mit diesen Gesten: *„Ein Augenzwinkern stellt das Radio an. Eine Neigung des Kopfes nach links erhöht die Lautstärke, eine Neigung nach rechts dimmt den Sound. Ein leichter Klaps der Finger aufs Lenkrad und das Radio springt zum nächsten Sender.*

Mit der universal gültigen Geste für das Abnehmen eines Telefonhörers leitet der Fahrer ein Telefonat ein.". Dabei stellt sich jedoch die Frage inwieweit diese Funktionen alltagstauglich ist, da ein Fahrer im Fahrzeug durchaus gestikuliert, um sich z.B. mit anderen Fahrern zu verständigen.

Die Aufgabe für die Automobilhersteller und -zulieferer besteht zukünftig darin, den Fahrer zwar zu unterstützen, ihn aber nicht mit zu viel überflüssigen Informationen zu überlasten. Im Allgemeinen lässt sich sagen, dass mehr Funktionen für den Fahrer nicht unbedingt mehr Stress bedeuten, wenn dieser nur im Ernstfall eingeschaltet wird.

3   Datenschutz im vernetzten Fahrzeug

Das Thema Datenschutz wird auch im vernetzten Fahrzeug eine große Rolle spielen. Neue Entwicklungen, die den Fahrer beim Fahren unterstützen sollen, sammeln unvermeidbar auch Daten über das Fahrverhalten des Fahrers. Auch heute ist das schon Realität, denn in vielen verbauten Steuergeräten im Auto – insbesondere im Steuergerät für das ESP - befinden sich gesammelte Daten wie *„Messwerte zur Geschwindigkeit, (Quer-)Beschleunigung, Fahrzeugposition sowie zum Bremsverhalten und hierbei aufgetretenen Verzögerungswerten"* im Speicher, heißt es laut [HONS13] im Tätigkeitsbericht 2010 vom Bundesdatenschutzbeauftragten Peter Schaar. Aktuell sei das sicherheitstechnische Niveau aktueller Software-Architektur im Auto nicht ausreichend.

Ein Vernetzen der Fahrzeuge miteinander und der umgebenden Infrastruktur anhand von Mobilfunkverbindungen wird die Angriffsfläche deutlich erhöhen. Für Autoversicherer und -hersteller können die Daten jedoch wirtschaftlich wertvoll sein.

3.1 Aus Sicht der Autohersteller

Die bereits erwähnte sim[TD] hat in Zusammenarbeit mit den Autoherstellern die Standardisierung der C2C-Nachrichtenformate bereits vorangetrieben. Bei dem Versuch in [OBER13] wurden die Daten nur in anonymisierter Form übertragen und es wurden moderne Verschlüsselungstechnologien eingesetzt.

Für die Hersteller können sich die Daten vorteilhaft zum Beispiel auf die Wartung der Fahrzeuge oder die Auswahl von Werkstätten ergeben. Zwischen den Versicherungsgesellschaften und den Autoherstellern herrscht, wie in [RAUM12] dargestellt, bereits jetzt ein Kampf um die Daten der Fahrzeughalter, die beiden Seiten mehr Umsatz verschaffen könnte.

3.2 Aus Sicht der Telekommunikationsanbieter

T-Systems hat nach [MISS13] beim Mobility Kongress zum Umgang mit Daten im vernetzten Fahrzeug bereits einen Lösungsansatz vorgestellt. Dieser wird in Abb. 6 anschaulich dargestellt. Es handelt sich dabei um das Konzept einer Mehrschichten-

Architektur (engl. Multi-Tier-Architecture). Eine Mehrschichten-Architektur ist laut [BIZE01] *„eine Softwarearchitektur, die sich aus verschiedenen Reihen (Schichten) von Softwaresystemen zusammensetzt"*. Dabei kann nur die jeweils höhere Schicht auf die darunter liegende Schicht zugreifen.

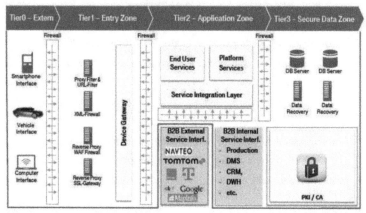

Abb. 6 – T-Systems Multi-Tier-Architektur

Die von T-Systems vorgestellte Schichtenarchitektur setzt sich aus den jeweiligen Endgeräten (Fahrzeug, Smartphone und Rechner) und drei verschiedenen Ebenen zusammen. An den Schnittstellen werden jeweils Firewalls eingesetzt.

Die erste Schicht ist die Eingangszone, sie enthält

- einen Proxy-Filter,

- eine XML-Firewall,

- eine Reverse Proxy WAF Firewall,

- eine Reverse Proxy SSL-Gateway.

Der Proxyfilter stellt die Verbindung mit dem Ziel-Client her während die XML-Firewall für Webservices arbeitet und der Erhöhung der Web-Application-Security (WAS) dient.

Die Reverse Proxy's einer Firewall ermöglichen laut [SAE12] *„einen von außen initiierten Verbindungsaufbau zu einem hinter der Weiterleitung liegenden Server des*

internen Netzes." Sie können gemäß [SAE12] *„die Daten der Netzwerkpakete [...]*
analysieren und [...] bearbeiten. So können sie z. B. einen Virenscan vornehmen oder
Regeln realisieren, die sich auf die Paketinhalte beziehen."

Der Reverse Proxy SSL Gateway übernimmt die SSL-Verschlüsselung und entlastet
so den Webserver. Weiter werden über ein Device Gateway Portweiterleitungen
automatisch konfiguriert.

Die zweite Schicht ist die Anwendungsschicht, die alle bereitgestellten Services
enthält. Wieder abgetrennt durch eine Firewall gelangt man nun in die geschützte
Datenzone in der sich die Datenbankserver befinden.

3.3 Aus Sicht der Versicherer

[WILK13] zufolge stellte der Mobilfunkbetreiber Telefonica bereits ein System
namens Telefonica Insurance Telematic vor, dass das Fahrverhalten des
Fahrzeugführers erfasst und anhand dieser Daten flexiblere Tarife in der KFZ-
Versicherung ermöglichen soll.

Dabei handelt es sich um ein Modul, dass im Auto eingebaut wird und verschiedene
Informationen über das Fahrverhalten sammelt. Dazu können zum Beispiel
Geschwindigkeitsüberschreitungen gehören. Diese Daten sollen über Mobilfunk an
die Versicherungen übertragen werden, die so die Versicherungsprämie anhand dieser
Daten berechnet. Dieses Modell soll für Fahrzeughalter freiwillig sein, so dass dieser
selber entscheiden kann, ob er seine Daten erfassen lassen möchte.

Auch hier wird zuerst ein einheitlicher Standard getroffen werden müssen, wie mit
der Datenspeicherung im Fahrzeug umgegangen werden soll um diese zu schützen.

Betrachtet man das Ganze von rechtlicher Seite, so ist das Auto, sobald es sich über
eine eingebaute SIM-Karte in ein Mobilfunknetz einwählt, als Handy anzusehen.
Damit fällt es wie in [RAUM12] angegeben unter die Richtlinien der Vorrats-
datenspeicherung.

4 Ausblick

Als Fazit lässt sich sagen, dass die Entwicklungen der Informations- und Kommunikationstechnik insgesamt reif für den Einsatz zur Car-to-X-Kommunikation im Alltag sind. Durch die vorangegangen Kapitel lässt sich feststellen, dass erst der Einsatz im Alltag weitreichendere Erkenntnisse über die Beeinflussung der IKT auf den Fahrer und den Straßenverkehr bringen kann.

Bisherige Studien und Versuche belegen, dass sich die moderne IKT im vernetzten Fahrzeug kaum nachteilig auf den Straßenverkehr oder auf den Fahrer auswirkt. Problematisch wird es nur, wenn der Fahrer mit zu viel Funktionalität im Auto überfordert wird. Wie in Kapitel 4 behandelt, könnte der Datenschutz zu einem weiteren Problem werden.

Eine Erhöhung der Sicherheit und der Vernetzung im Straßenverkehr durch Car-to-X-Kommunikation kann nur dann erfolgen, wenn der Großteil der Kraftfahrzeuge auch mit entsprechenden Systemen ausgestattet ist. Aus den bisherigen Erfahrungen lässt sich dennoch auch ableiten, dass eine aufwändig integrierte IKT im Fahrzeug keinesfalls ein Garant für die Marktakzeptanz sein muss. Dies wird sich jedoch erst bei konsequenter Markteinführung zeigen.

Im Allgemeinen wäre es ein gangbarer Weg, wenn sich alle am Thema beteiligten Parteien, wie die Automobilhersteller, Telekommunikationsanbieter und Versicherungen zunächst auf Standards einigen würden, um dann die C2X-Kommunikation flächendeckend einführen zu können ohne das der Datenschutz gefährdet wird oder der Fahrer mit den Funktionen überlastet wird.

Literaturverzeichnis

[BIZE01] Bill, Ralf ; Zehner, Marco L. ; Lexikon der Geoinformatik; Wichmann Verlag Heidelberg, 2001

[BOSC] Bosch Kraftfahrzeugtechnik; ESP Facts – Studien; unter: http://www.bosch-automotivetechnology.com/de/de/specials/specials_for_more_driving_safety/bosch_esp_3/esp__fac ts_4/marktentwicklung_5/studien_2/studien_3.html (abgerufen am 27.06.2013)

[BUND10] Presse- und Informationsamt der Bundesregierung; Mobilität durch Fahrzeug- und Verkehrstechnologien; 2010; unter: http://www.bundesregierung.de/Content/DE/Artikel/WissenschafftWohlstand/2008-01-01-hightech-verkehr-innovationsstrategie-januar-2008.html (abgerufen am 27.06.2013)

[BURI10] Buric, Christian; Vernetzung für mehr Sicherheit. In: Vernetztes Auto – Best Practice Thema; Ausgabe 09/2010; Seite 9; unter: http://www.t-systems.de/umn/uti/752368_1/blobBinary/BP-Thema-Automotive-ps.pdf (abgerufen am 27.06.2013)

[DAIM] Daimler AG; Die Mobilitätskonzepte der Daimler AG; Kommunikationstechnologien; unter: http://www.daimler.com/dccom/0-5-1456855-49-1456863-1-0-0-1457041-0-0-135-0-0-0-0-0-0-0-0.html (abgerufen am 27.06.2013)

[DVEV11] Deutscher Verkehrssicherheitsrat e.V.; Car-to-Car-Communication; 2011; unter: http://www.bester-beifahrer.de/startseite/lexikon/?tx_bb_pi1[uid]=105&cHash=01280f168668bc5676e01d92e0758bc8 (abgerufen am 27.06.2013)

[EURO09] Europäische Union; Verordnung (EG) Nr. 661/2009 des europäischen Parlaments und des Rates vom 13. Juli 2009 über die Typgenehmigung von Kraftfahrzeugen, Kraftfahrzeuganhängern und von Systemen, Bauteilen und selbstständigen technischen Einheiten für diese Fahrzeuge hinsichtlich ihrer allgemeinen Sicherheit; 2009; unter: http://eur-lex.europa.eu/LexUriServ/LexUriServ.do?uri=OJ:L:2009:200:0001:0024:DE:PDF (abgerufen am 27.06.2013)

[FAS] Film der Berufsgenossenschaft für Transport und Verkehrswirtschaft; Kampagne "SICHER. FÜR DICH. FÜR MICH."; unter: http://www.fahrer-assistenz-systeme.de/index.php?id=61 (abgerufen am 27.06.2013)

[FOCU13] Focus Online; Siri Eyes Free – Adams perfekte Beifahrerin; 2013

unter: http://www.focus.de/auto/news/siri-eyes-free-adams-perfekte-beifahrerin_aid_932152.html (abgerufen am 27.06.2013)

[GERH11] Ersteller: Gerhardmatth; Car2Car Communication; 2011; unter: http://de.wikipedia.org/wiki/Car2Car_Communication (abgerufen am 27.06.2013)

[HARR05] Ersteller: Harry20; „Fahrerassistenzsysteme" ; unter: http://de.wikipedia.org/wiki/Fahrerassistenzsystem (abgerufen am 27.06.2013)

[HONS13] Honsel, Gregor; Datenschleuder Auto; 2012; unter: http://www.heise.de/tr/blog/artikel/Datenschleuder-Auto-1616224.html (abgerufen am 27.06.2013)

[LIPIC2C] Lipinski, Klaus; Car-to-Car-Consortium; unter: http://www.itwissen.info/definition/lexikon/Car-to-Car-Konsortium-car-to-car-consortium.html (abgerufen am 27.06.2013)

[LIPIC2I] Lipinski, Klaus; Car-to-Infrastructure-Communication; unter: http://www.itwissen.info/definition/lexikon/C2I-car-to-infrastructure-Car-to-Infrastructure.html (abgerufen am 27.06.2013)

[LIPIFW] Lipinski, Klaus; XML-Firewall; unter: http://www.itwissen.info/definition/lexikon/XML-Firewall-XML-firewall.html (abgerufen am 27.06.2013)

[MISS13] Missale, Rainer; Connected Car – Wie kommt das Auto in die Cloud?; Mobility Congress HS Würzburg-Schweinfurt; 2013; unter: http://mobilitymovesbusiness.fhws.de/ressourcen/T-Systems_Missale_ConnectedCar.pdf (abgerufen am 27.06.2013)

[MKLE08] Ersteller: Mkleine; Schichtenarchitektur; 2008; unter:
https://de.wikipedia.org/wiki/Schichtenarchitektur (abgerufen am 27.06.2013)

[OBER13] Oberkersch, Christian; Pressemitteilung der simTD: Feldversuch im Rahmen des
Forschungsprojektes simTD belegt: Car-to-X Kommunikation ist reif für den Alltagseinsatz; 2013 unter:
http://www.simtd.org/index.dhtml/5251c8267f554f63428c/object.media/deDE/8033/CS/-/news/Pre
sse/simTD-Pressemitteilung_2013_DE.pdf (abgerufen am 27.06.2013)

[RAUM12] Raum, Christian; Brisante Daten in, In: carIT; Ausgabe 01/2012; Seite 30; unter:
http://my.page2flip.de/2887/546509/546510/pdf/546509.pdf (abgerufen am 27.06.2013)

[REES13] Rees, Jürgen; Unsere Autos sind zu schwer zu bedienen; 2013; unter:
http://www.wiwo.de/technologie/auto/funktionen-im-auto-unsere-autos-sind-zu-schwer-zu-
bedienen/7860276.html (abgerufen am 27.06.2013)

[RESD13] rek/sda; WLAN im eigenen Auto; 2013; unter:
http://www.tagesanzeiger.ch/digital/internet/WLAN-im-eigenen-Auto/story/29344149?
dossier_id=1346 (abgerufen am 27.06.2013)

[SAE12] Ersteller: Sae1962; Reverse-Proxy; 2012; unter: http://de.wikipedia.org/wiki/Reverse_Proxy
(abgerufen am 27.06.2013)

[SCHMABS] Schmitz, Ralf; ABS – Was macht das eigentlich?; unter: http://www.at-
rs.de/abs_Bremse.html (abgerufen am 27.06.2013)

[SCHMBA] Schmitz, Ralf; Bremsassistent; unter: http://www.at-rs.de/Bremsassistent.html (abgerufen
am 27.06.2013)

[STAU11] Stauch, Oliver; World Wide Car: Internet im Auto; 2011; unter:
http://www.connect.de/ratgeber/world-wide-car-internet-im-auto-1217198.html (abgerufen am
27.06.2013)

[UDV08] Unfallforschung der Versicherer; Elektronisches Stabilitätsprogramm (ESP) in
Kraftfahrzeugen; 2008; unter: http://udv.de/de/fahrzeug/pkw/fahrerassistenzsysteme-pkw/esp-2008

(abgerufen am 27.06.2013)

[VÖGE12] Vögele-Ebering, Tilman; Pressemitteilung der DEKRA: High-Tech im Auto für viele zu
kompliziert; 2012; unter: http://www.dekra.de/de/pressemitteilung?
p_p_lifecycle=0&p_p_id=ArticleDisplay_WAR_ArticleDisplay&_ArticleDisplay_WAR_ArticleDisplay_ar
ticleID=13113010 (abgerufen am 27.06.2013)

[WIEN68] Wiener Straßenverkehrskonvention – Deutsche Übersetzung - Art. 8, Absatz 5; 1968;
unter: http://www.admin.ch/opc/de/classified- compilation/19680244/index.html (abgerufen am
27.06.2013)

[WILK13] Wilkens, Andreas; Telefonica vernetzt das Auto mit der Versicherung; 2013; unter:
http://www.heise.de/mobil/meldung/Telefonica-vernetzt-das-Auto-mit-der-Versicherung-
1842870.html (abgerufen am 27.06.2013)

Tabellenverzeichnis

Abbildungsverzeichnis